AF187350

Impressum
Verlag: BABADADA GmbH, Nedderfeld 112 , 22529 Hamburg
Geschäftsführer / Verlagsleitung: Harald Hof
Druck: Books on Demand GmbH, In de Tarpen 42, 22848 Norderstedt

Imprint
Publisher: BABADADA GmbH, Nedderfeld 112 , 22529 Hamburg, Germany
Managing Director / Publishing direction: Harald Hof
Print: Books on Demand GmbH, In de Tarpen 42, 22848 Norderstedt, Germany

escola

Szkoła

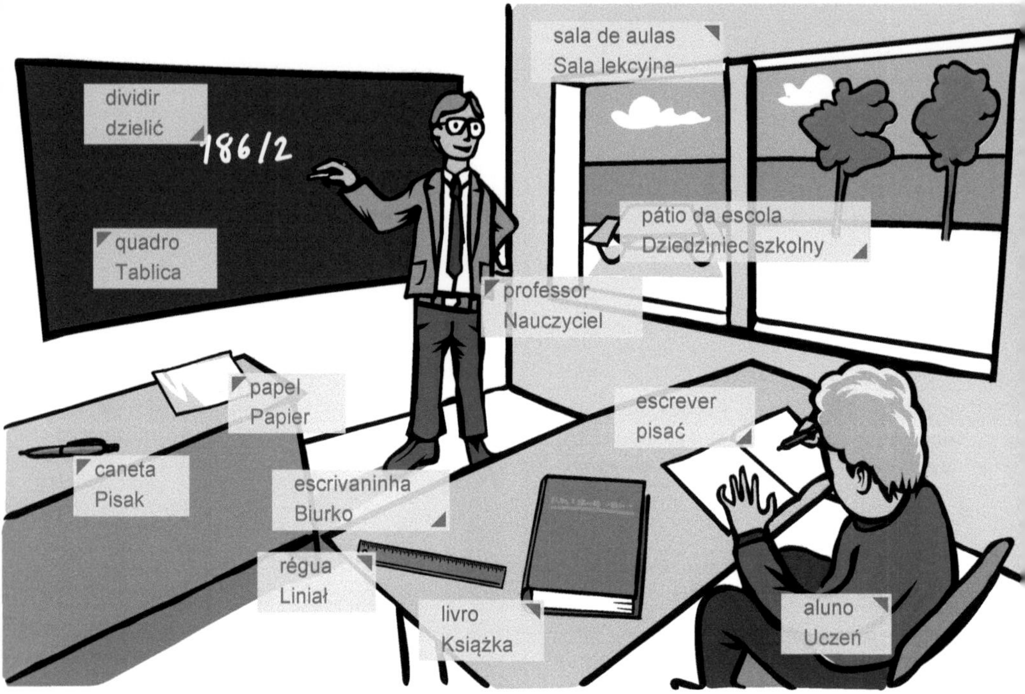
sala de aulas
Sala lekcyjna
dividir
dzielić
186/2
pátio da escola
Dziedziniec szkolny
quadro
Tablica
professor
Nauczyciel
papel
Papier
escrever
pisać
caneta
Pisak
escrivaninha
Biurko
régua
Liniał
livro
Książka
aluno
Uczeń

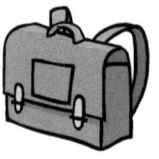

sacola
Plecak szkolny

estojo de lápis
Piórnik

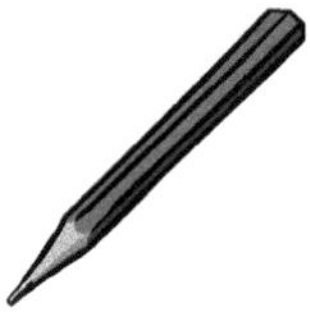

lápis
Ołówek

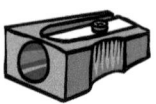

apontador de lápis
Temperówka

borracha
Gumka do mazania

bloco de desenho
Blok rysunkowy

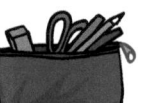

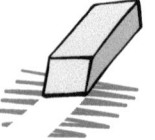

desenho

Rysunek

pincel

Pędzel

estojo de tintas

Pudełko z akwarelami

tesoura

Nożyce

cola

Klej

livro de exercícios

Książka do ćwiczenia

lição de casa

Zadanie domowe

número

Liczba

somar

dodawać

subtrair

odejmować

multiplicar

mnożyć

calcular

liczyć

letra

Litera

alfabeto

Alfabet

palavra

Słowo

texto

Tekst

ler

czytać

giz

Kreda

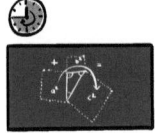

hora

Godzina

registro da classe

Dziennik lekcyjny

exame

Egzamin

certificado

Świadectwo

uniforme escolar

Mundurek szkolny

educação

Wykształcenie

enciclopédia

Leksykon

universidade

Uniwersytet

microscópio

Mikroskop

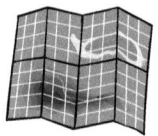

mapa

Mapa

cesto de lixo

Kosz na odpadki

viagem
Podróż

hotel
Hotel
Grand
albergue
Schronisko
ROOMS
casa de câmbio
Kantor wymiany walut
EXCHANGE
mala
Walizka
carro
Auto

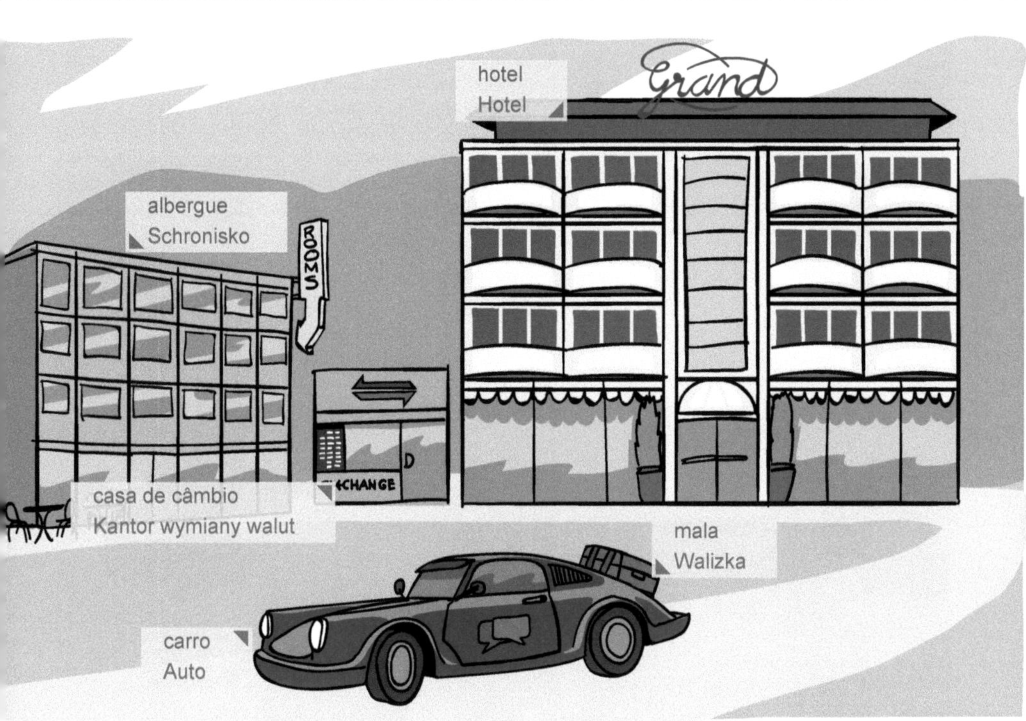

idioma

Język

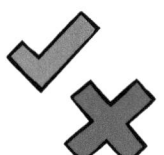

sim / não

tak / nie

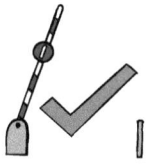

ok

OK

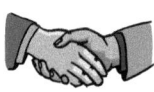

Olá

Halo

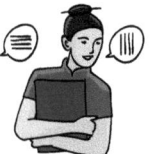

tradutor

Tłumacz

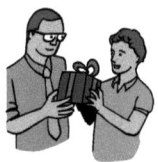

obrigado

Dziękuję

quanto custa...?

Ile kosztuje ...?

eu não entendo

Nie rozumiem

problema

Problem

boa noite!

Dobry wieczór!

Bom dia!

Dzień dobry!

Boa noite!

Dobranoc!

até logo

Do widzenia

direção

Kierunek

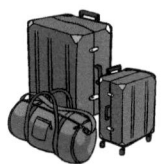

bagagem

Bagaż

bolsa

Torba

mochila

Plecak

convidado

Gość

quarto

Pokój

saco de dormir

Śpiwór

barraca

Namiot

informação turística

Informacja turystyczna

praia

Plaża

cartão de crédito

Karta kredytowa

café da manhã

Śniadanie

almoço

Obiad

jantar

Kolacja

bilhete

Bilet

elevador

Winda

selo

Znaczek na list

fronteira

Granica

alfândega

Cło

embaixada

Ambasada

visto

Wiza

passaporte

Paszport

transporte
Transport

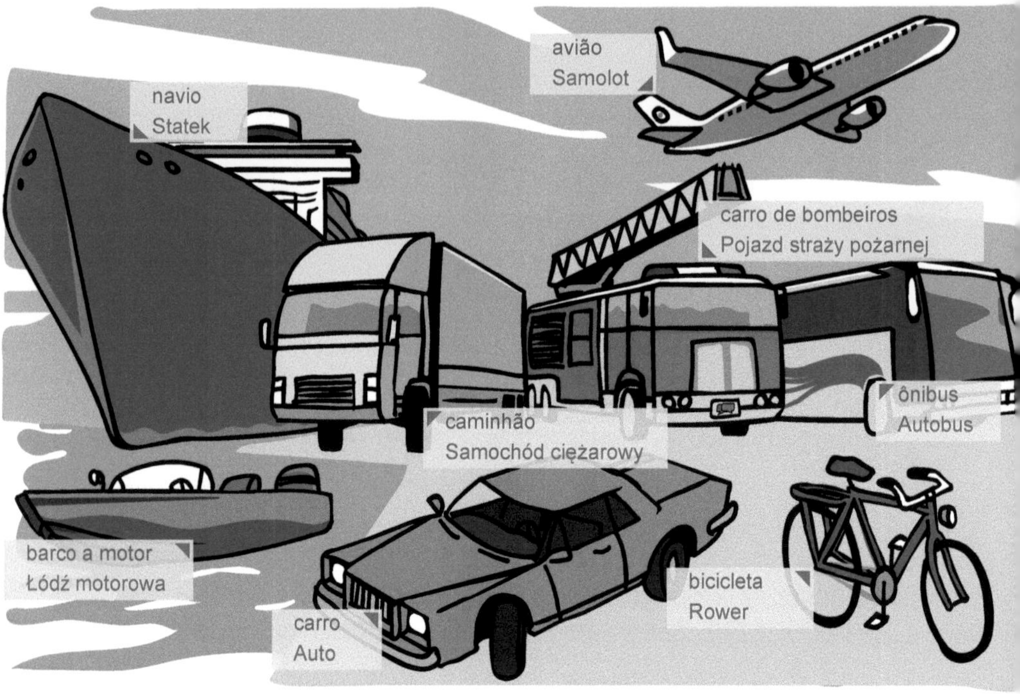
avião
Samolot
navio
Statek
carro de bombeiros
Pojazd straży pożarnej
ônibus
Autobus
caminhão
Samochód ciężarowy
barco a motor
Łódź motorowa
bicicleta
Rower
carro
Auto

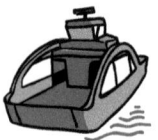

balsa

Prom

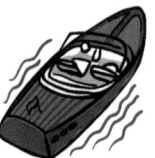

barco

Łódź

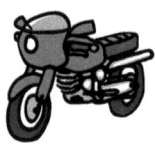

motocicleta

Motocykl

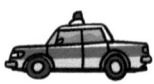

veículo policial

Radiowóz policyjny

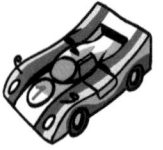

carro de corrida

Samochód wyścigowy

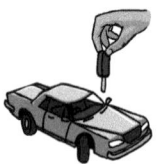

carro de aluguel

Samochód wypożyczony

compartilhamento de automóvel
....
Wspólne przejazdy samochodem

caminhão de reboque
....
Samochód pomocy drogowej

caminhão de lixo
....
Śmieciarka

motor
....
Silnik

combustível
....
Benzyna

posto de gasolina
....
Stacja benzynowa

placa de trânsito
....
Znak drogowy

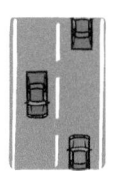

trânsito
....
Ruch

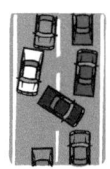

trânsito lento
....
Korek

estacionamento
....
Parking

estação de trem
....
Dworzec

trilhos
....
Szyny

trem
....
Pociąg

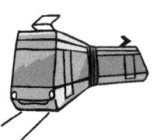

bonde
....
Tramwaj

vagão
....
Wagon

helicóptero

Helikopter

aeroporto

Lotnisko

torre

Wieża

passageiro

Pasażer

contêiner

Kontener

cartolina

Karton

carroça

Taczka

cesto

Kosz

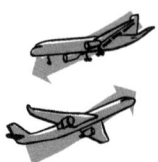

decolar / pousar

startować / lądować

cidade
Miasto

vilarejo

Wieś

centro da cidade

Centrum miasta

casa

Dom

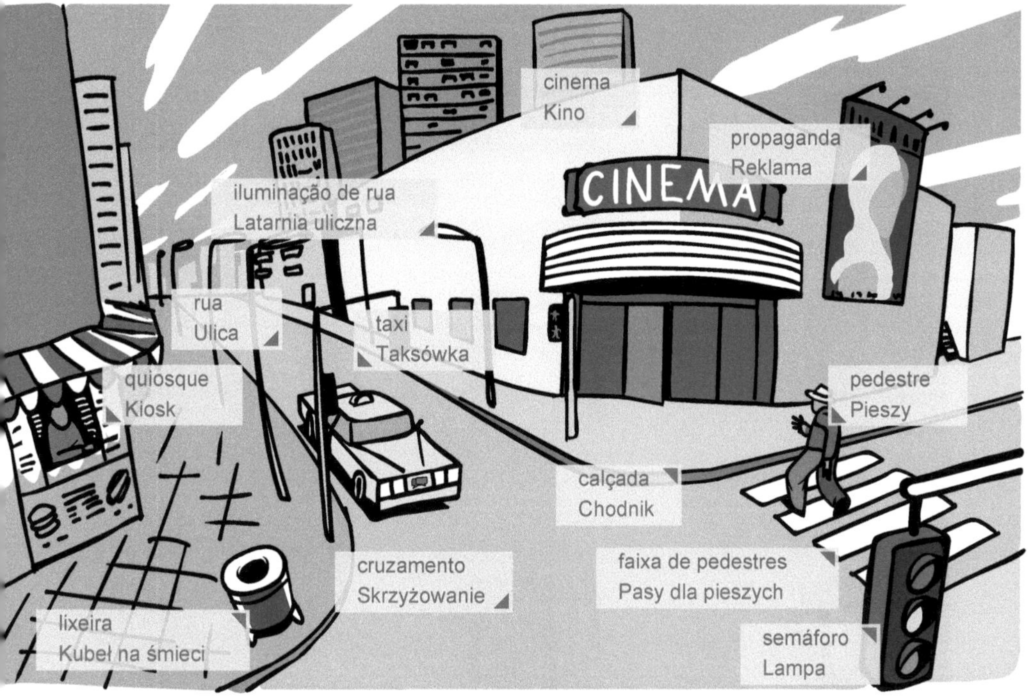

cinema
Kino

propaganda
Reklama

iluminação de rua
Latarnia uliczna

rua
Ulica

taxi
Taksówka

quiosque
Kiosk

pedestre
Pieszy

calçada
Chodnik

cruzamento
Skrzyżowanie

faixa de pedestres
Pasy dla pieszych

lixeira
Kubeł na śmieci

semáforo
Lampa

cabana

Chata

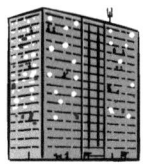

apartamento

Mieszkanie

estação de trem

Dworzec

prefeitura

Ratusz

museu

Muzeum

escola

Szkoła

cidade - Miasto

universidade

Uniwersytet

banco

Bank

hospital

Szpital

hotel

Hotel

farmácia

Apteka

escritório

Biuro

livraria

Księgarnia

loja

Sklep

floricultura

Kwiaciarnia

supermercado

Supermarket

mercado

Rynek

loja de departamentos

Dom towarowy

peixaria

Sklep z rybami

centro comercial

Centrum handlowe

porto

Port

parque

Park

banco

Ławka

ponte

Most

escadas

Schody

metrô

Metro

túnel

Tunel

ponto de ônibus

Przystanek autobusowy

bar

Bar

restaurante

Restauracja

caixa de correspondência

Skrzynka na listy

placa de rua

Tabliczka z nazwą ulicy

parquímetro

Parkometr

zoológico

Zoo

piscina

Łaźnia

mesquita

Meczet

fazenda

Gospodarstwo chłopskie

poluição

Zanieczyszczenie
środowiska

cemitério

Cmentarz

igreja

Kościół

parquinho

Plac zabaw

templo

Świątynia

paisagem
Krajobraz

folha
Liść

placa de sinalização
Drogowskaz

caminho
Droga

gramado
Łąka

pedra
Kamień

árvore
Drzewo

caminhantes
Wędrowiec

rio
Rzeka

grama
Trawa

flor
Kwiat

vale
....
Dolina

montanha
....
Góra

lago
....
Jezioro

floresta
....
Las

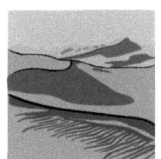

deserto
....
Pustynia

vulcão
....
Wulkan

castelo
....
Zamek

arco-íris
....
Tęcza

cogumelo
....
Grzyb

palmeira
....
Palma

mosquito
....
Komar

mosca
....
Mucha

formiga
....
Mrówka

abelha
....
Pszczoła

aranha
....
Pająk

besouro

Chrząszcz

sapo

Żaba

esquilo

Wiewiórka

ouriço

Jeż

lebre

Zając

coruja

Sowa

pássaro

Ptak

cisne

Łabędź

javali

Dzik

veado

Jeleń

alce

Łoś

barragem

Tama

aerogerador

Wiatrak

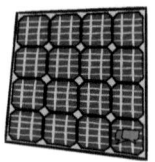

painel solar

Moduł solarny

clima

Klimat

restaurante
Restauracja

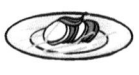

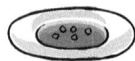

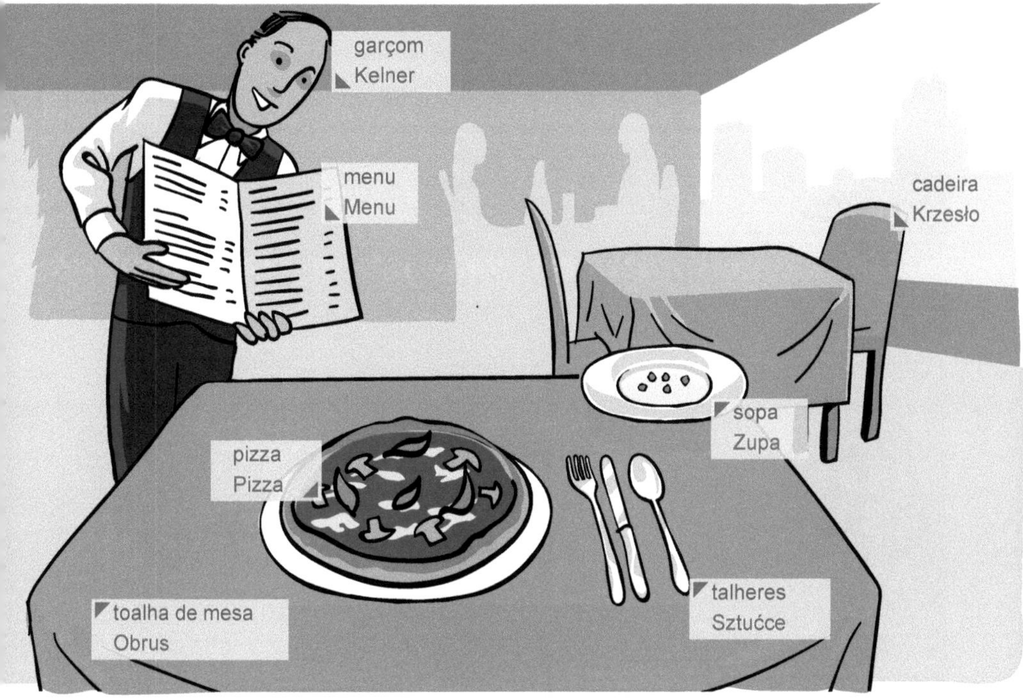

garçom
Kelner
menu
Menu
cadeira
Krzesło
sopa
Zupa
pizza
Pizza
talheres
Sztućce
toalha de mesa
Obrus

entrada

Przystawka

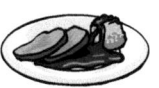

prato principal

Danie główne

sobremesa

Deser

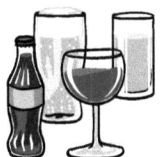

bebidas

Napoje

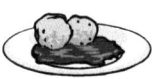

comida

Jedzenie

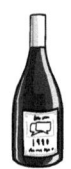

garrafa

Butelka

fastfood

Fastfood

comida de rua

Streetfood

bule de chá

Dzbanek na herbatę

açucareiro

Cukierniczka

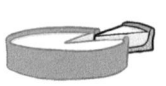

porção

Porcja

máquina de expresso

Zaparzarka do espresso

cadeirão

Krzesło dla dziecka

conta

Rachunek

bandeja

Taca

faca

Nóż

garfo

Widelec

colher

Łyżka

colher de chá

Łyżeczka

guardanapo

Serwetka

copo

Szklanka

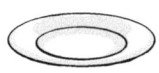

prato

Talerz

prato de sopa

Talerz do zupy

pires

Podstawek pod filiżankę

molho

Sos

saleiro

Solniczka

moedor de pimenta

Młynek do pieprzu

vinagre

Ocet

óleo

Olej

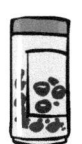

especiarias

Przyprawy

ketchup

Keczup

mostarda

Musztarda

maionese

Majonez

supermercado
Supermarket

oferta especial
Oferta
FOR
cliente
Klient
laticínios
Produkty mleczne
frutas
Owoce
carrinho de compras
Wózek sklepowy

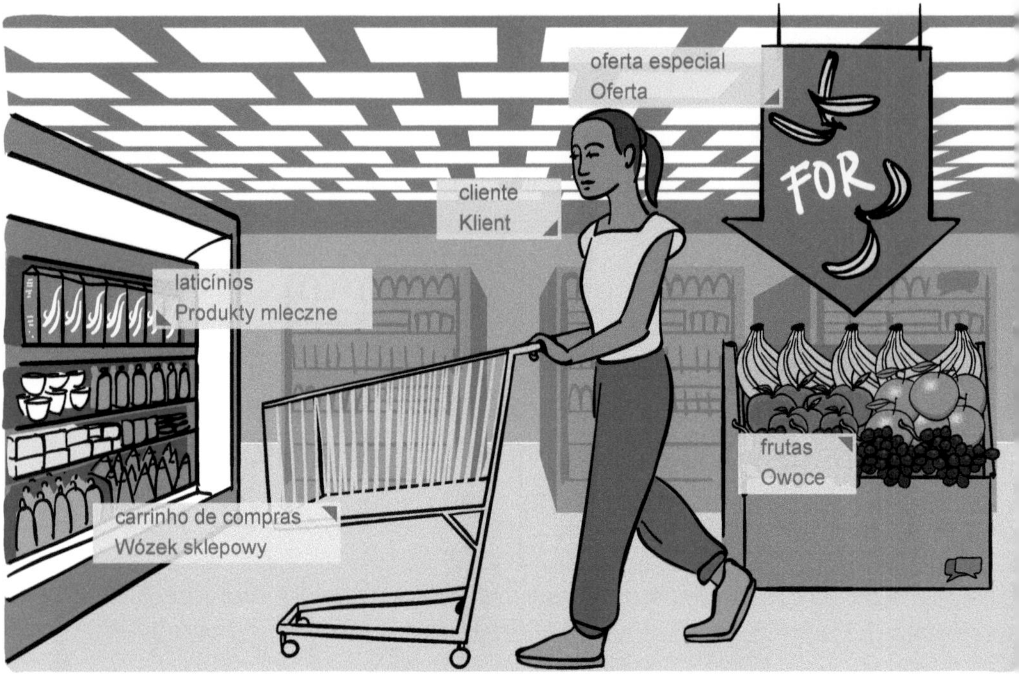

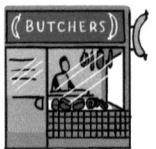

BUTCHERS

açougue

Rzeźnia

BAKERY

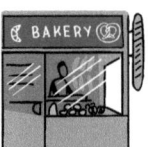

padaria

Piekarnia

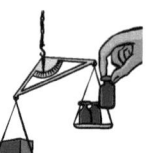

pesar

ważyć

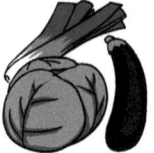

legumes

Warzywa

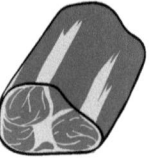

carne

Mięso

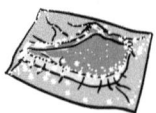

congelados

Mrożonki

charcutaria

Wędliny

conservas

Konserwy

detergente em pó

Proszek m do prania

doces

Słodycze

artigos domésticos

Artykuły użytku domowego

produtos de limpeza

Środek czyszczący

vendedora

Sprzedawczyni

caixa

Kasa

caixa

Kasjer

lista de compras

Lista zakupów

horário de funcionamento

Godziny otwarcia

carteira

Portfel

cartão de crédito

Karta kredytowa

sacola

Torba

saco plástico

Torebka plastikowa

água

Woda

suco

Sok

leite

Mleko

coca-cola

Cola

vinho

Wino

cerveja

Piwo

álcool

Alkohol

cacau

Kakao

chá

Herbata

café

Kawa

expresso

Espresso

cappuccino

Cappuccino

banana

Banan

maçã

Jabłko

laranja

Pomarańcza

melão

Arbuz

limão

Cytryna

cenoura

Marchew

alho

Czosnek

bambu

Bambus

cebola

Cebula

cogumelo

Grzyb

nozes

Orzechy

macarrão

Makaron

espaguete

Spaghetti

arroz

Ryż

salada

Sałatka

batatas fritas

Frytki

batatas frias

Ziemniaki pieczone

pizza

Pizza

hambúrger

Hamburger

sanduíche

Kanapka

escalope

Sznycel

presunto

Szynka

salame

Salami

salsicha

Kiełbasa

galinha

Kura

assado

Pieczeń

peixe

Ryba

flocos de aveia

Płatki owsiane

granola

Musli

flocos de milho

Płatki kukurydziane

farinha

Mąka

croissant

Croissant

pãozinho

Bułka

pão

Chleb

torrada

Toast

biscoitos

Ciastka

manteiga

Masło

requeijão

Twarożek

bolo

Ciasto

ovo

Jajko

ovo frito

Jajko sadzone

queijo

Ser

sorvete

Lody

açúcar

Cukier

mel

Miód

geleia

Marmolada

creme de avelãs

Krem nugatowy

curry

Curry

fazenda
Gospodarstwo chłopskie

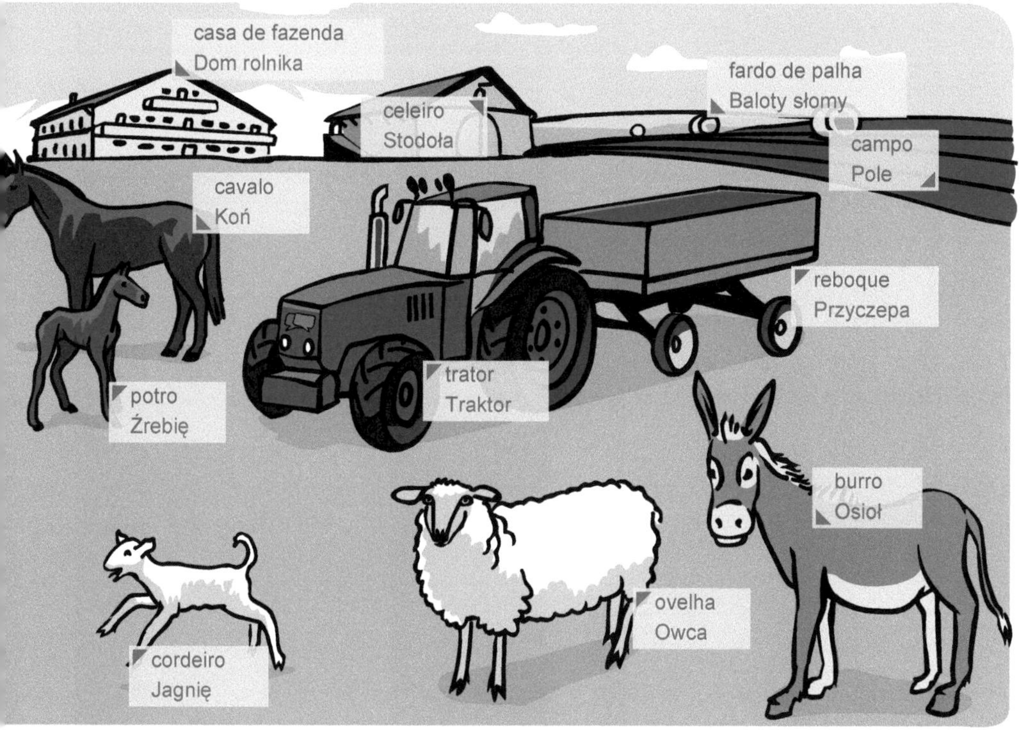
casa de fazenda
Dom rolnika
fardo de palha
Baloty słomy
celeiro
Stodoła
campo
Pole
cavalo
Koń
reboque
Przyczepa
trator
Traktor
potro
Źrebię
burro
Osioł
ovelha
Owca
cordeiro
Jagnię

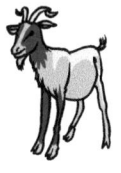

cabra
Koza

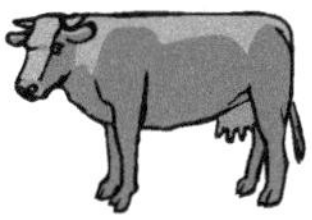

vaca
Krowa

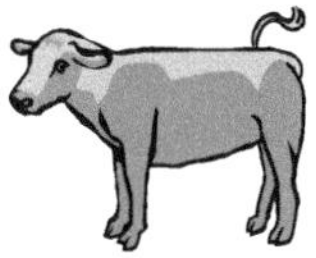

bezerro
Cielę

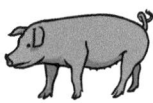

porco
Świnia

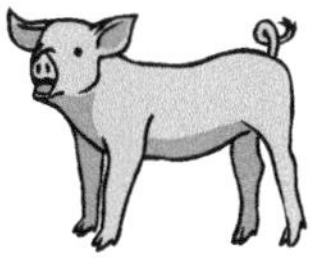

leitão
Prosię

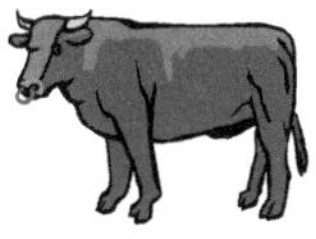

touro
Byk

ganso

Gęś

pato

Kaczka

pintinho

Kurczątko

galinha

Kura

galo

Kogut

ratazana

Szczur

gato

Kot

camundongo

Mysz

boi

Osioł

cachorro

Pies

casinha do cachorro

Buda dla psa

mangueira de jardim

Wąż ogrodowy

regador

Konewka

foice

Kosa

arado

Pług

fazenda - Gospodarstwo chłopskie

foice
Sierp

enxada
Graca

forquilha
Widły

machado
Siekiera

carrinho de mão
Taczka

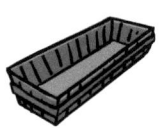

manjedoura
Koryto

jarra de leite
Kanka na mleko

saco
Worek

cerca
Płot

estábulo
Stajnia

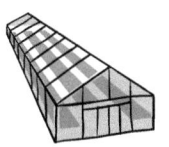

estufa
Szklarnia

solo
Ziemia

semente
Nasiona

fertilizante
Nawóz

colheitadeira
Kombajn zbożowy

colher

zbierać

colheita

Żniwa

inhame

Podchrzyn

trigo

Pszenica

soja

Soja

batata

Ziemniak

milho

Kukurydza

colza

Rzepak

árvore frutífera

Drzewo owocowe

mandioca

Maniok

cereais

Zboże

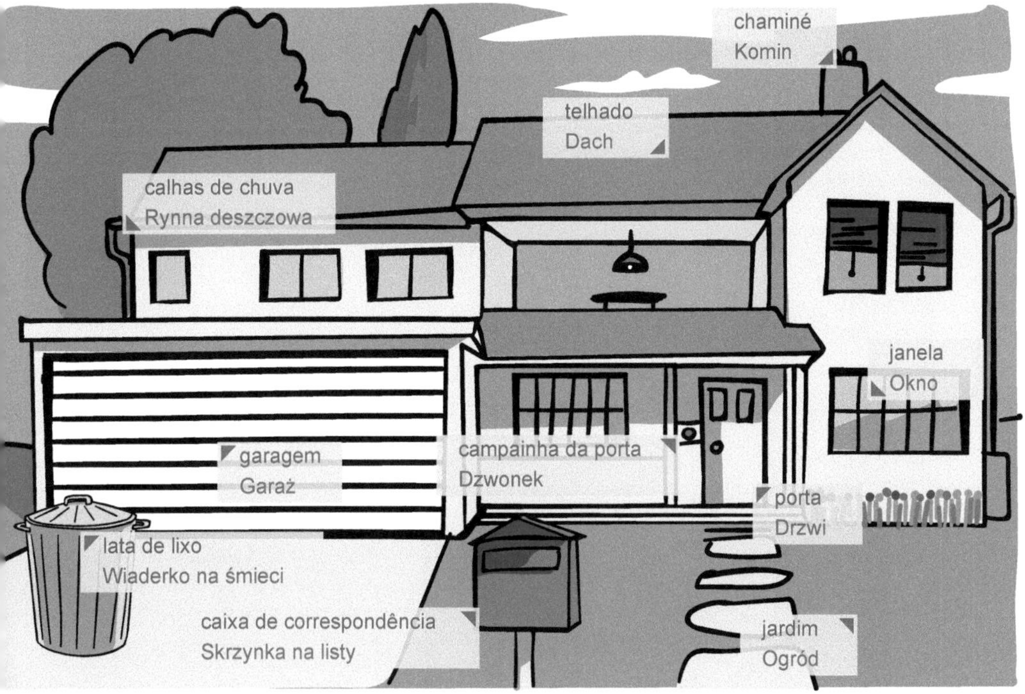

chaminé
Komin

telhado
Dach

calhas de chuva
Rynna deszczowa

janela
Okno

garagem
Garaż

campainha da porta
Dzwonek

porta
Drzwi

lata de lixo
Wiaderko na śmieci

caixa de correspondência
Skrzynka na listy

jardim
Ogród

sala de estar

Pokój dzienny

banheiro

Łazienka

cozinha

Kuchnia

quarto de dormir

Sypialnia

quarto de criança

Pokój dziecięcy

sala de jantar

Jadalnia

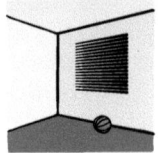

chão

Ziemia

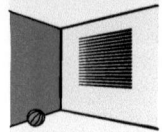

parede

Ściana

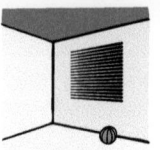

teto

Koc

porão

Piwnica

sauna

Sauna

varanda

Balkon

terraço

Taras

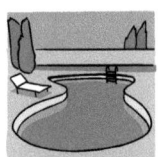

piscina

Basen

cortador de grama

Kosiarka do trawy

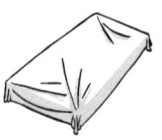

lençol

Poszwa

coberta

Kołdra

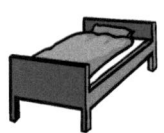

cama

Łóżko

vassoura

Miotła

balde

Wiadro

interruptor

Włącznik

sala de estar
Pokój dzienny

papel de parede
Tapeta
quadro
Obraz
lâmpada
Lampa
prateleira
Regał
armário
Szafa
televisão
Telewizor
lareira
Komin
flor
Kwiat
travesseiro
Poduszka
sofá
Kanapa
vaso
Wazon
controle remoto
Pilot

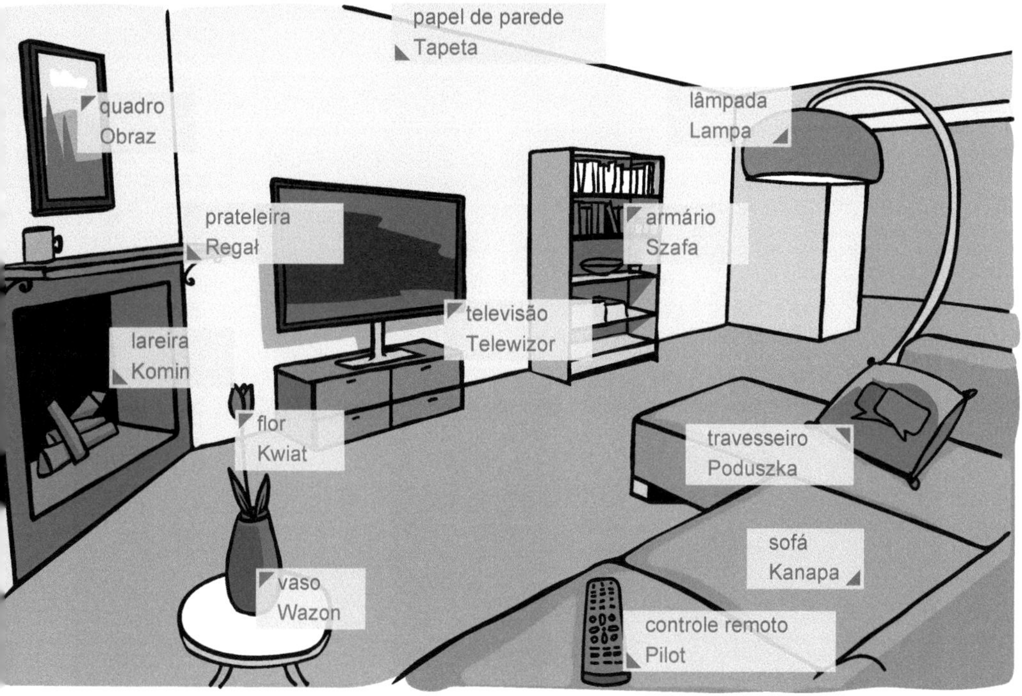

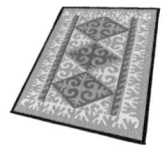

tapete

Dywan

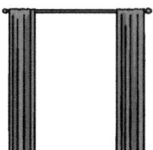

cortina

Zasłona

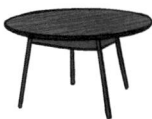

mesa

Stół

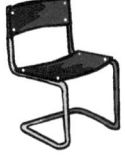

cadeira

Krzesło

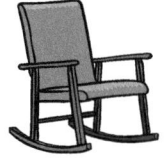

cadeira de balanço

Bujak

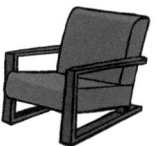

poltrona

Fotel

livro

Książka

cobertor

Sufit

decoração

Dekoracja

lenha

Drewno kominkowe

filme

Film

equipamento de som

Instalacja stereo

chave

Klucz

jornal

Gazeta

pintura

Malunek

pôster

Plakat

rádio

Radio

bloco de notas

Notatnik

aspirador

Odkurzacz

cacto

Kaktus

vela

Świeczka

cozinha
Kuchnia

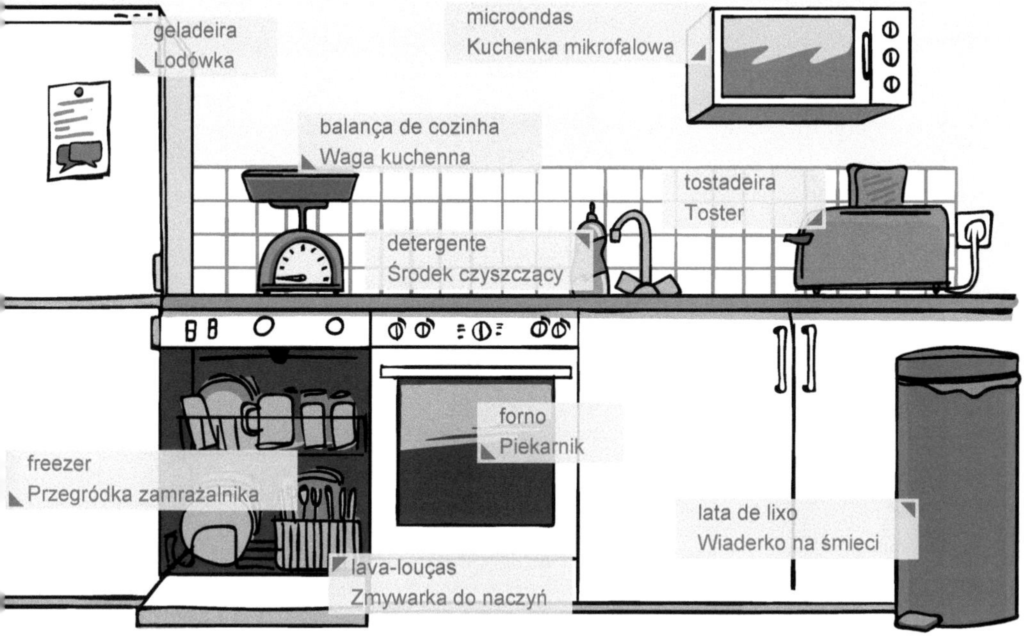

geladeira
Lodówka
microondas
Kuchenka mikrofalowa
balança de cozinha
Waga kuchenna
tostadeira
Toster
detergente
Środek czyszczący
forno
Piekarnik
freezer
Przegródka zamrażalnika
lata de lixo
Wiaderko na śmieci
lava-louças
Zmywarka do naczyń

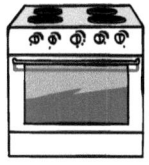

fogão

Kuchenka

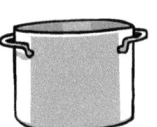

panela

Garnek

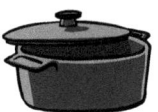

panela de ferro

Kocioł żeliwny

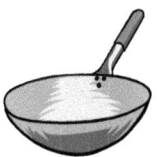

wok / kadai

Wok / Kadai

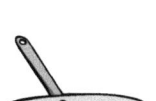

frigideira

Patelnia

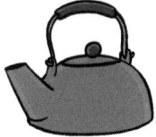

chaleira

Czajnik

panela a vapor

Parowar

tabuleiro de forno

Blacha do pieczenia

louça

Naczynia kuchenne

caneca

Kubek

caçarola

Miska

hashi

Pałeczki

concha de sopa

Nabierka

espátula

Łopatka do smażenia

batedor

Trzepaczka do śmietany

escorredor

Cedzak

peneira

Sitko

ralador

Tarka

almofariz

Moździerz

churrasqueira

Grillowanie

lareira

Palenisko

tábua de cortar
....
Deska

rolo da massa
....
Wałek do ciasta

saca-rolhas
....
Korkociąg

lata
....
Puszka

abridor de latas
....
Otwieracz do puszek

pegador de panela
....
Ściereczka do trzymania garnka

pia
....
Umywalka

escova
....
Szczotka

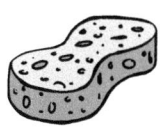

esponja
....
Gąbka

liquidificador
....
Mikser

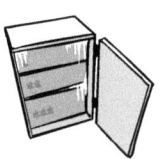

congelador
....
Zamrażarka

mamadeira
....
Butelka dla niemowlęcia

torneira
....
Kran

banheiro
Łazienka

ducha
Prysznic
aquecimento
Ogrzewanie
toalha
Ręcznik
cortina de chuveiro
Kotara prysznicowa
banho de espuma
Płyn do kąpieli
banheira
Wanna kąpielowa
copo
Szklanka
lava-roupa
Pralka
torneira
Kran
azulejos
Kafelki
penico
Nocnik
pia
Umywalka

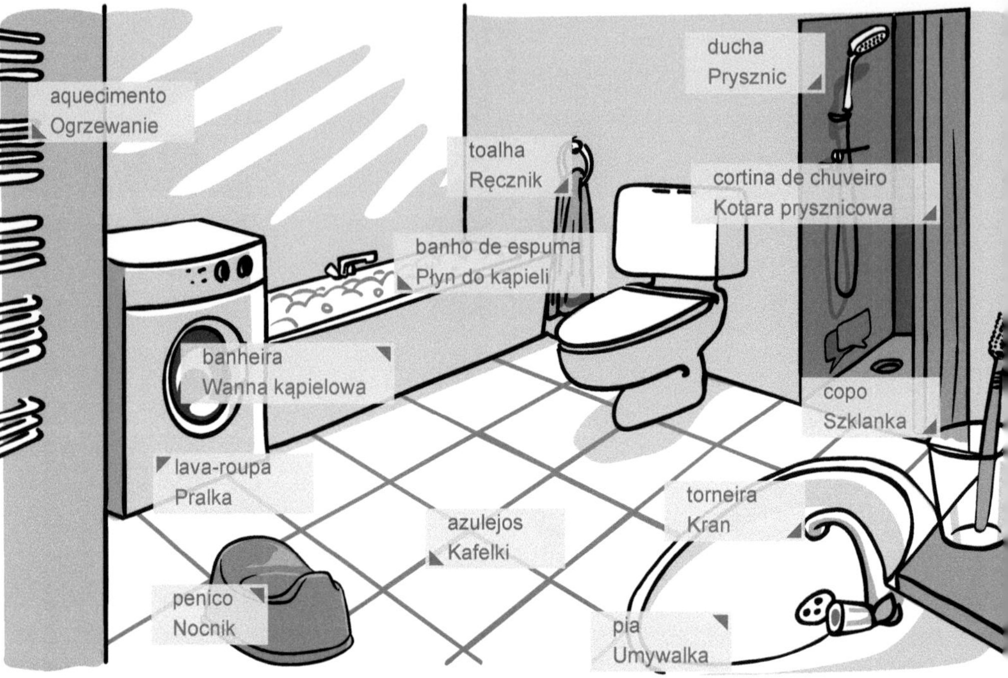

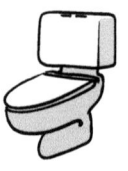

vaso sanitário

Toaleta

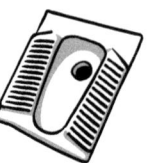

lavabo de agachar

Toaleta kuczna

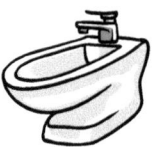

bidê

Bidet

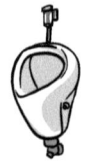

mictório

Pisuar

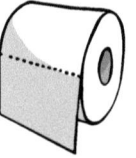

papel higiênico

Papier toaletowy

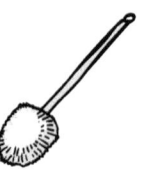

escova de privada

Szczotka toaletowa

escova de dentes

Szczoteczka do zębów

pasta de dentes

Pasta do zębów

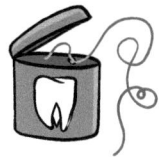

fio dental

Nitki do czyszczenia zębów

lavar

myć

ducha de mão

Głowica prysznicowa

ducha íntima

Płyn kąpielowy do higieny intymnej

bacia

Miska do mycia

escova para as costas

Szczotka kąpielowa

sabonete

Mydło

gel de banho

Żel prysznicowy

xampu

Szampon

toalha de rosto

Rękawica kąpielowa

escoamento

Odpływ

creme

Krem

desodorante

Dezodorant

espelho

Lustro

espelho de mão

Lustro kosmetyczne

barbeador

Golarka

espuma de barbear

Pianka do golenia

loção pós-barba

Woda po goleniu

pente

Grzebień

escova

Szczotka

secador de cabelo

Suszarka do włosów

spray de cabelo

Spray do włosów

maquiagem

Makijaż

batom

Pomadka

esmalte de unhas

Lakier do paznokci

algodão

Wata

tesoura para unhas

Nożyczki do paznokci

perfume

Perfum

nécessaire

Kosmetyczka

banquinho

Taboret

balança

Waga

roupão de banho

Szlafrok kąpielowy

luvas de borracha

Rękawice gumowe

absorvente interno

Tampon

absorvente íntimo

Podpaska damska

banheiro químico

Toaleta chemiczna

quarto de criança
Pokój dziecięcy

despertador
Budzik
boneco de pelúcia
Pluszowa przytulanka
carrinho de brinquedo
Samochodzik
chacoalho
Grzechotka
casa de bonecas
Domek dla lalek
presente
Prezent

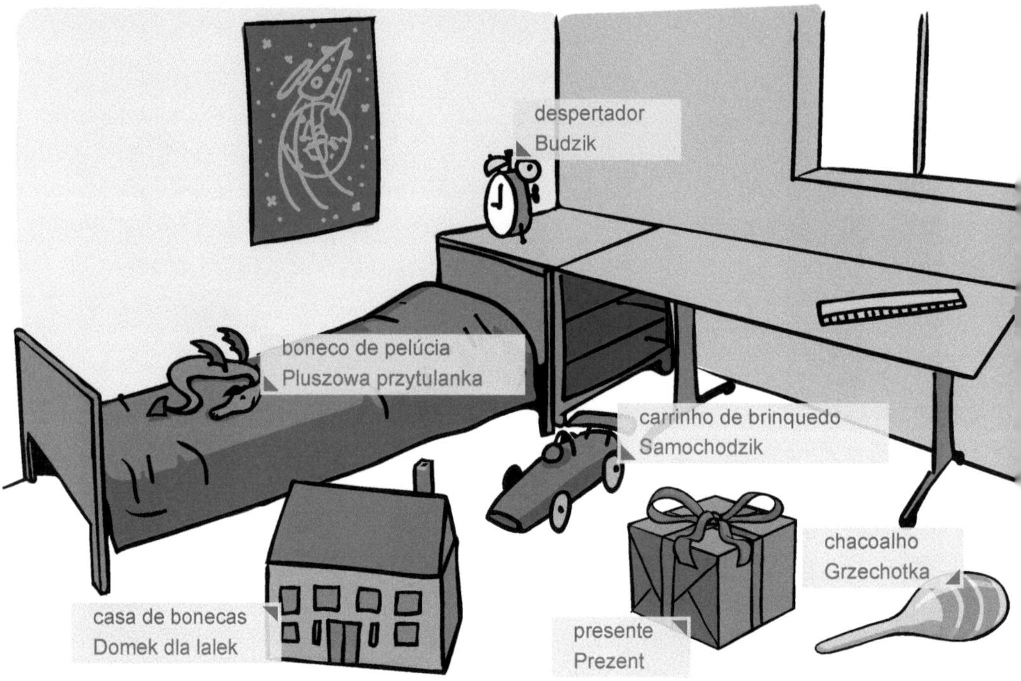

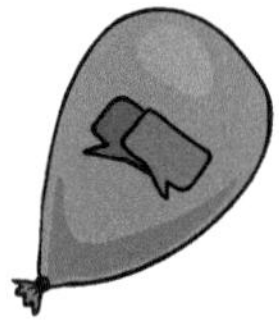

balão

Balon

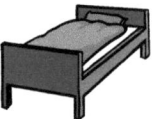

cama

Łóżko

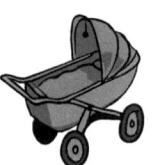

carrinho de bebê

Wózek dziecięcy

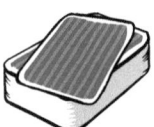

jogo de cartas

Gra w karty

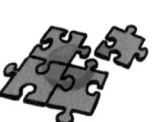

quebra-cabeças

Puzzle

revista de quadrinhos

Komiks

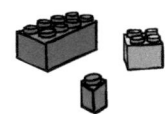

peças de Lego
Klocki lego

blocos de construção
Klocki

figura de ação
Action figura

macaquinho de bebê
Śpioszek dziecięcy

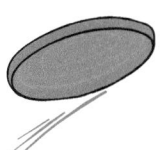

frisbee
Frisbee

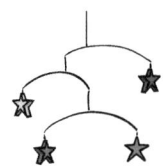

móbile para bebé
Zabawki ruchome

jogo de tabuleiro
Gra planszowa

dados
Kości

trenzinho elétrico
Kolejka elektryczna

chupeta
Smoczek

festa
Przyjęcie

livro ilustrado
Książka z ilustracjami

bola
Piłka

boneca
Lalka

brincar
bawić się

caixa de areia

Piaskownica

balanço

Huśtawka

brinquedos

Zabawki

videogame

Konsola do gier

triciclo

Rowerek trójkołowy

ursinho de pelúcia

Pluszowy miś

guarda-roupa

Szafa ubraniowa

vestuário

Ubiór

meias

Skarpety

meias pelo joelho

Pończochy

meias-calças

Rajstopy

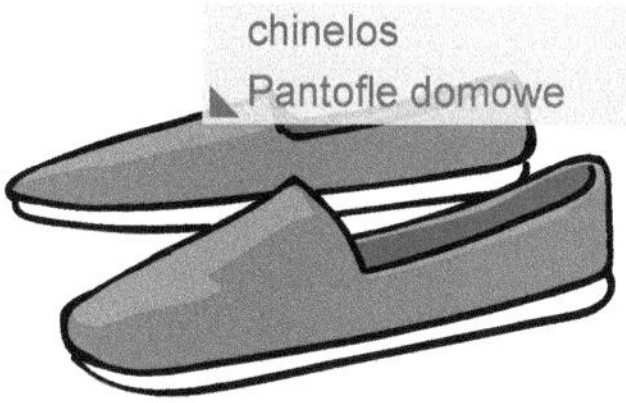

cachecol
Szal

guarda-chuva
Parasol

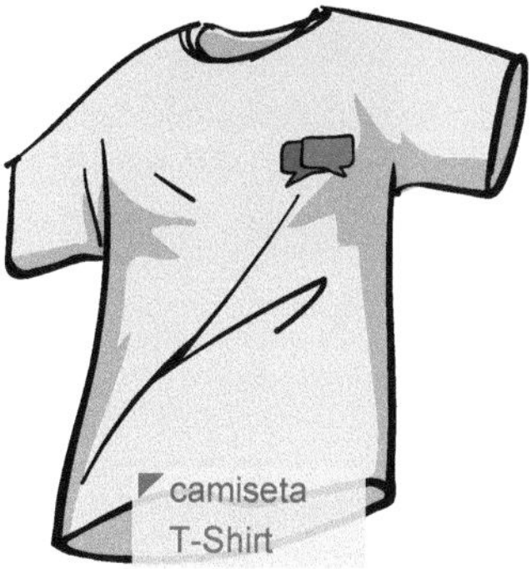

camiseta
T-Shirt

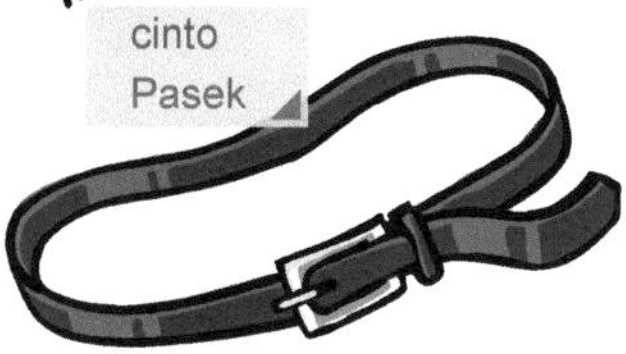

cinto
Pasek

botas
Kozaki

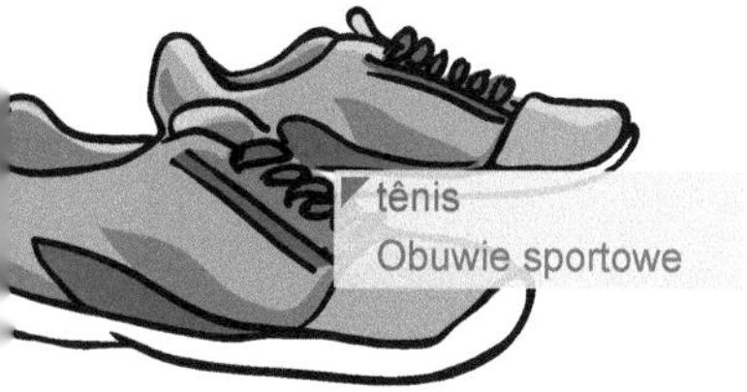

chinelos
Pantofle domowe

tênis
Obuwie sportowe

sandálias
Sandały

sapatos
Buty

botas de borracha
Kalosze

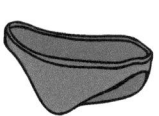

roupa de baixo
Majtki

sutiã
Biustonosz

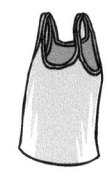

camiseta de baixo
Podkoszulek

body

Body

calças

Spodnie

jeans

Dżins

saia

Spódnica

blusa

Bluzka

camisa

Koszula

pulôver

Pulower

suéter com capuz

Bluza sportowa

blazer

Marynarka

jaqueta

Kurtka

casaco

Płaszcz

gabardine

Płaszcz przeciwdeszczowy

traje

Kostium

vestido

Sukienka

vestido de casamento

Suknia ślubna

terno
Garnitur męski

camisola
Koszula nocna

pijama
Piżama

sari
Sari

lenço de cabeça
Chusta na głowę

turbante
Turban

burca
Burka

cafetã
Kaftan

abaya
Abaya

maiô
Strój kąpielowy

sunga
Kąpielówki

shorts
Krótkie spodnie

roupa de treino
Dres sportowy

avental
Fartuch

luvas
Rękawiczki

botão

Guzik

óculos

Okulary

pulseira

Bransoletka

colar

Łańcuszek

anel

Pierścionek

brinco

Kolczyk

boné

Czapka

cabide

Wieszak

chapéu

Kapelusz

gravata

Krawat

zíper

Zamek błyskawiczny

capacete

Kask

suspensórios

Szelki

uniforme escolar

Mundurek szkolny

uniforme

Mundur

babador
....
Śliniaczek

chupeta
....
Smoczek

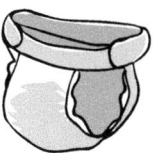

fralda
....
Pieluszka

escritório
Biuro

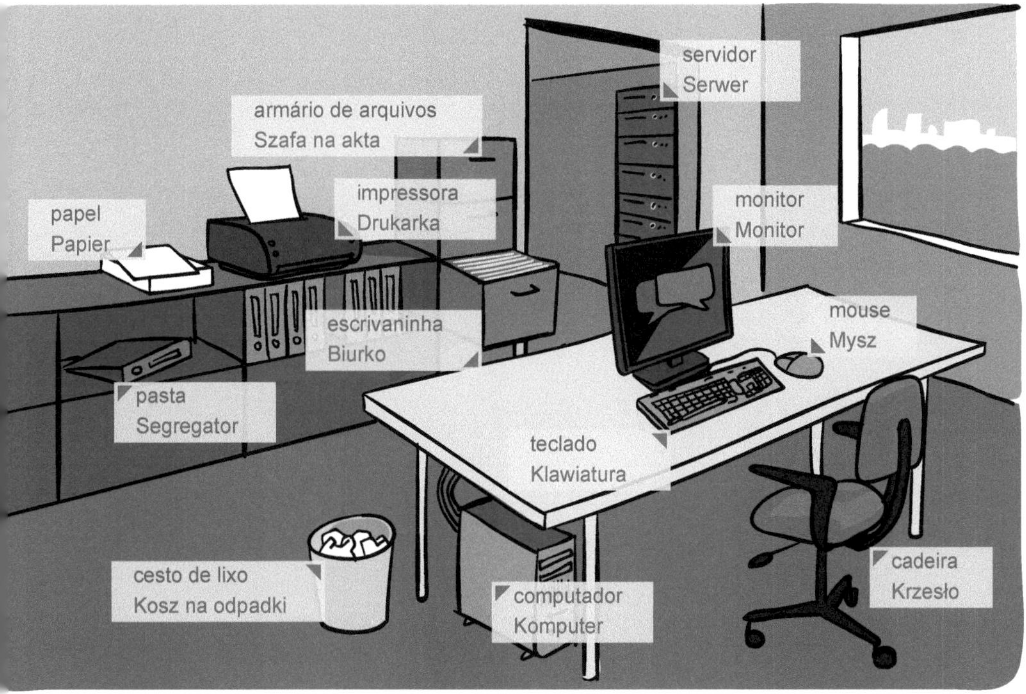

servidor
Serwer

armário de arquivos
Szafa na akta

impressora
Drukarka

monitor
Monitor

papel
Papier

escrivaninha
Biurko

mouse
Mysz

pasta
Segregator

teclado
Klawiatura

cesto de lixo
Kosz na odpadki

computador
Komputer

cadeira
Krzesło

xícara de café
....
Filiżanka do kawy

calculadora
....
Kalkulator

internet
....
Internet

laptop

Laptop

carta

List

mensagem

Wiadomość

celular

Komórka

rede

Sieć

copiadora

Kopiarka

software

Oprogramowanie

telefone

Telefon

tomada

Gniazdko

fax

Faks

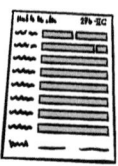

formulário

Formularz

documento

Dokument

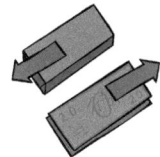

comprar
kupić

pagar
płacić

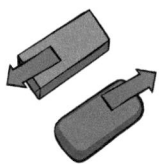

negociar
postępować

dinheiro
Pieniądze

USD

Dólar
Dolar

EUR

Euro
Euro

JPY

Yen
Jen

RUB

rublo
Rubel

CHF

franco suíço
Frank

CNY

renminbi yuan
Juan Renminbi

INR

rupia
Rupia

caixa eletrônico
Bankomat

casa de câmbio

Kantor wymiany walut

ouro

Złoto

prata

Srebro

petróleo

Olej

energia

Energia

preço

Cena

contrato

Umowa

imposto

Podatek

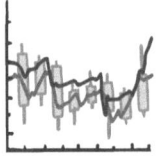

ação

Akcja

trabalhar

pracować

empregado

Pracownik umysłowy

empregador

Pracodawca

fábrica

Fabryka

loja

Sklep

profissões
Zawody

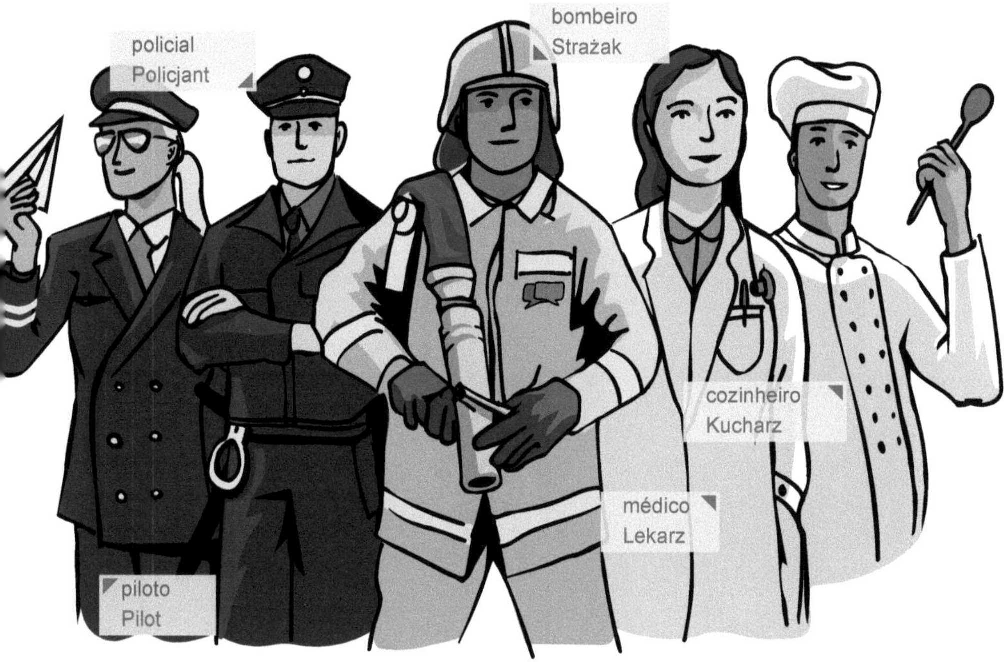
policial
Policjant
bombeiro
Strażak
cozinheiro
Kucharz
médico
Lekarz
piloto
Pilot

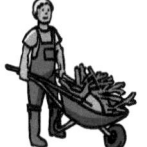

jardineiro

Ogrodnik

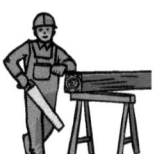

marceneiro

Stolarz

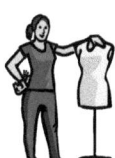

costureira

Krawcowa

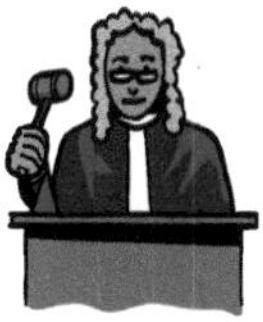

juiz

Sędzia

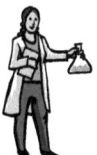

químico

Chemik

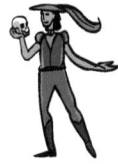

ator

Aktor

motorista de ônibus

Kierowca autobusu

motorista de táxi

Taksówkarz

pescador

Fischer

faxineira

Sprzątaczka

telhador

Dekarz

garçom

Kelner

caçador

Myśliwy

pintor

Malarz

padeiro

Piekarz

eletricista

Elektryk

construtor

Robotnik budowlany

engenheiro

Inżynier

açougueiro

Rzeźnik

encanador

Instalator

carteiro

Listonosz

soldado

Żołnierz

arquiteto

Architekt

caixa

Kasjer

florista

Florysta

cabelereiro

Fryzjer

condutor

Konduktor

mecânico

Mechanik

capitão

Kapitan

dentista

Dentysta

cientista

Naukowiec

rabino

Rabin

imam

Imam

monge

Mnich

pastor

Proboszcz

ferramentas
Narzędzia

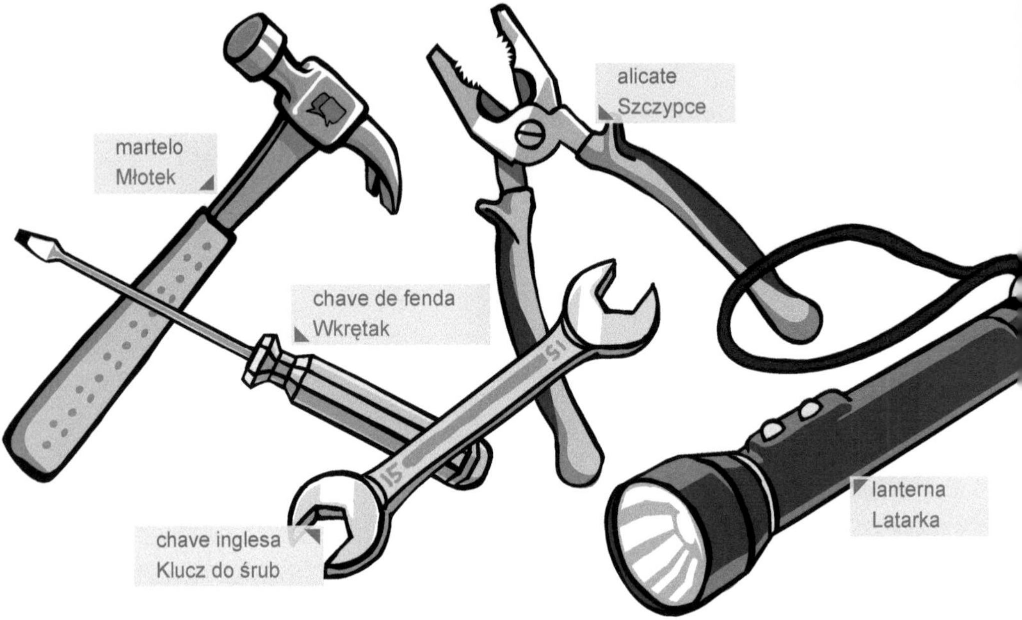
martelo
Młotek
alicate
Szczypce
chave de fenda
Wkrętak
lanterna
Latarka
chave inglesa
Klucz do śrub

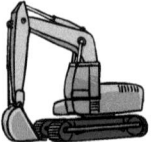

escavadora

Koparka

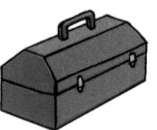

caixa de ferramentas

Skrzynka narzędziowa

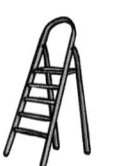

escada de mão

Drabina

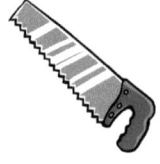

serra

Piła

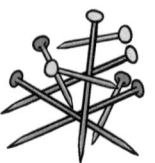

pregos

Gwoździe

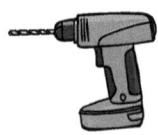

furadeira

Wiertło

consertar
....
naprawić

pá
....
Łopatka

Droga!
....
Cholera!

pá de lixo
....
Szufelka

pote de tinta
....
Puszka z farbą

parafusos
....
Śruby

instrumentos musicais
Instrumenty muzyczne

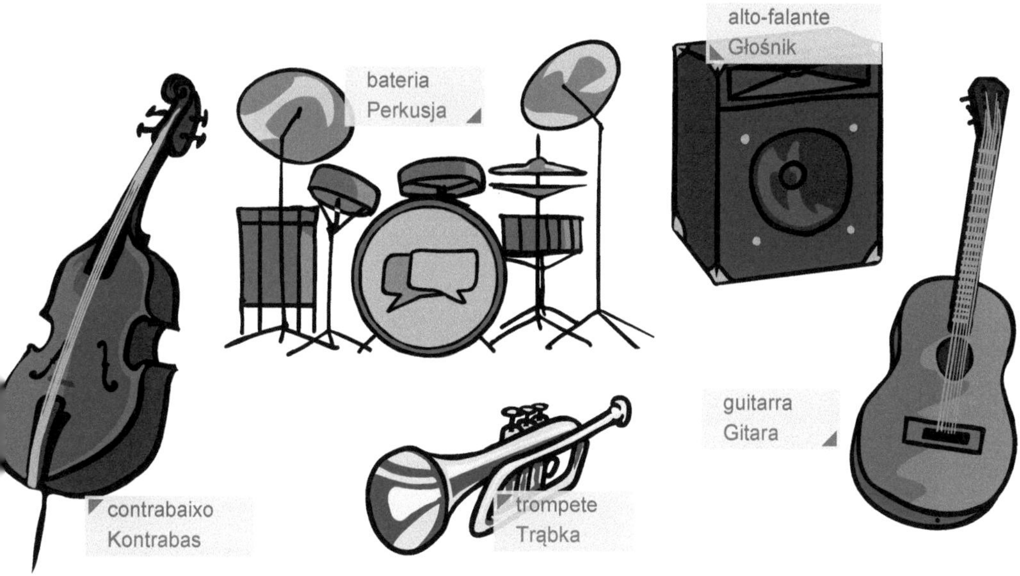

alto-falante
Głośnik

bateria
Perkusja

guitarra
Gitara

contrabaixo
Kontrabas

trompete
Trąbka

piano

Pianino

violino

Skrzypce

baixo

Bas

timbales

Kotły

tambor

Bęben

teclado

Keyboard

saxofone

Saksofon

flauta

Flet

microfone

Mikrofon

instrumentos musicais - Instrumenty muzyczne

zoológico
Zoo

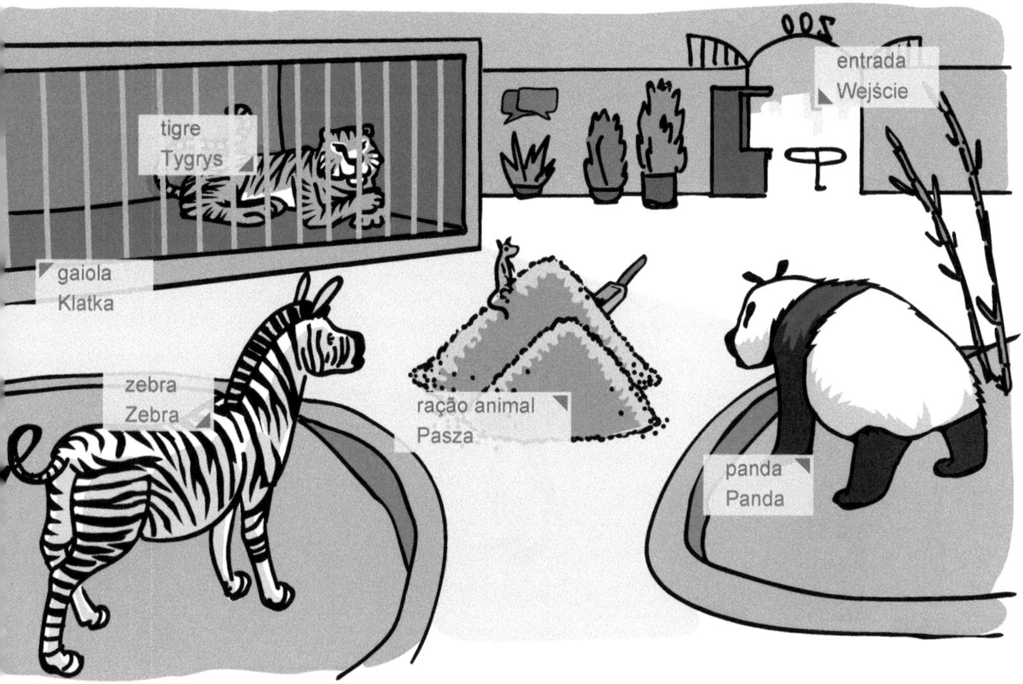

tigre
Tygrys
entrada
Wejście
gaiola
Klatka
zebra
Zebra
ração animal
Pasza
panda
Panda

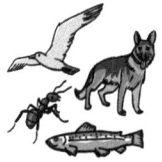

animais

Zwierzęta

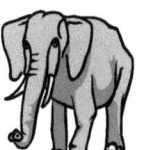

elefante

Słoń

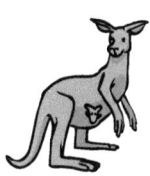

canguru

Kangur

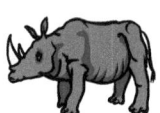

rinoceronte

Nosorożec

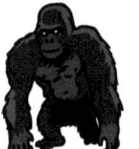

gorila

Goryl

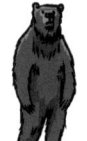

urso

Niedźwiedź

camelo

Wielbłąd

avestruz

Struś

leão

Lew

macaco

Małpa

flamingo

Fleming

papagaio

Papuga

urso polar

Niedźwiedź polarny

pinguim

Pingwin

tubarão

Rekin

pavão

Paw

cobra

Wąż

crocodilo

Krokodyl

guarda do zoológico

Dozorca w zoo

foca

Foka

jaguar

Jaguar

pônei
Kucyk

leopardo
Gepard

hipopótamo
Hipopotam

girafa
Żyrafa

águia
Orzeł

javali
Dzik

peixe
Ryba

tartaruga
Żółw

morsa
Mors

raposa
Lis

gazela
Gazela

futebol americano
Futbol amerykański

ciclismo
Kolarstwo

tênis
Tenis

basquete
Koszykówka

natação
Pływanie

boxe
Boks

hóquei no gelo
Hokej na lodzie

futebol
Piłka nożna

badminton
Badminton

atletismo
Lekka atletyka

handebol
Piłka ręczna

esqui
Narciarstwo

polo
Polo

atividades
Działania

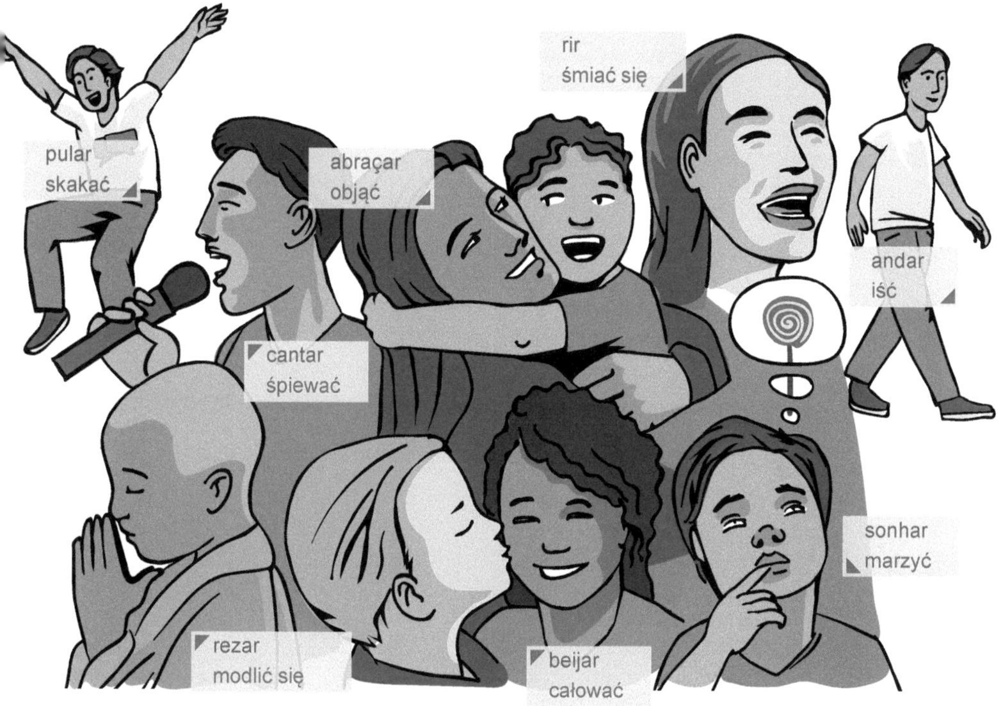
pular
skakać
abraçar
objąć
rir
śmiać się
andar
iść
cantar
śpiewać
sonhar
marzyć
rezar
modlić się
beijar
całować

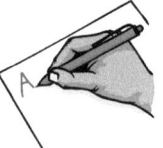

escrever
pisać

desenhar
rysować

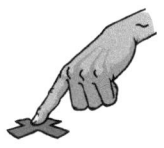

mostrar
pokazywać

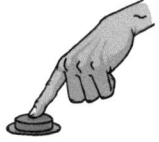

empurrar
nacisnąć

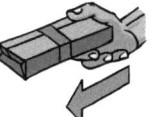

dar
dać

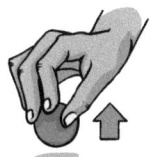

tomar
wziąć

ter
mieć

fazer
robić

ser
być

ficar de pé
stać

correr
biegać

puxar
ciągnąć

jogar
rzucać

cair
spaść

deitar
leżeć

esperar
czekać

carregar
nosić

sentar
siedzieć

vestir
zakładać

dormir
spać

despertar
budzić się

atividades - Działania

olhar para

spojrzeć

chorar

płakać

acariciar

głaskać

pentear

czesać się

falar

mówić

entender

rozumieć

perguntar

pytać

ouvir

słyszeć

beber

pić

comer

jeść

arrumar

sprzątać

amar

kochać

cozinhar

gotować

dirigir

jechać

voar

latać

velejar

żeglować

calcular

liczyć

ler

czytać

aprender

uczyć się

trabalhar

pracować

casar

wejść w związek małżeński

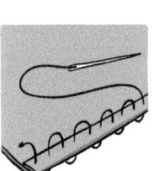

costurar

szyć

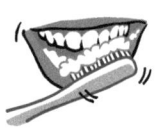

escovar os dentes

myć zęby

matar

zabić

fumar

palić tytoń

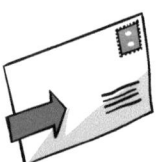

enviar

wysłać

família
Rodzina

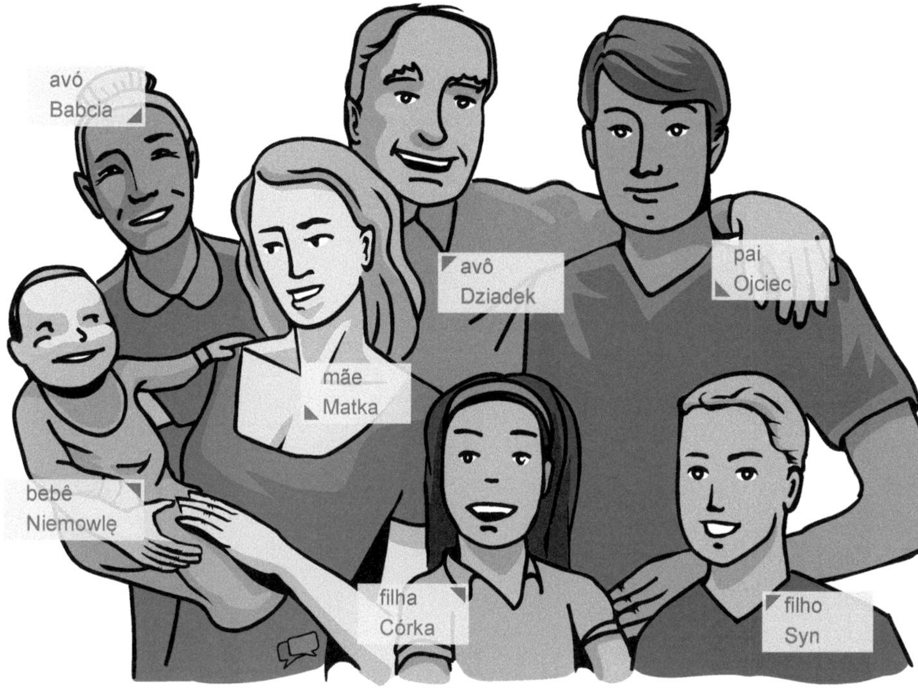
avó
Babcia
avô
Dziadek
pai
Ojciec
mãe
Matka
bebê
Niemowlę
filha
Córka
filho
Syn

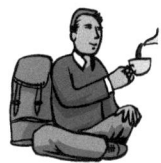

convidado
Gość

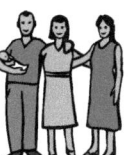

tia
Ciotka

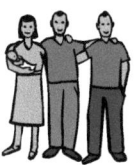

tio
Wujek

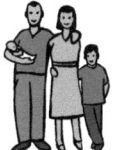

irmão
Brat

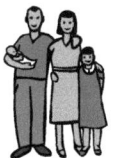

irmã
Siostra

corpo
Ciało

testa
Czoło
olho
Oko
ombro
Ramię
dedo
Palec
rosto
Twarz
queixo
Broda
mão
Ręka
perna
Noga
peito
Pierś
braço
Ramię

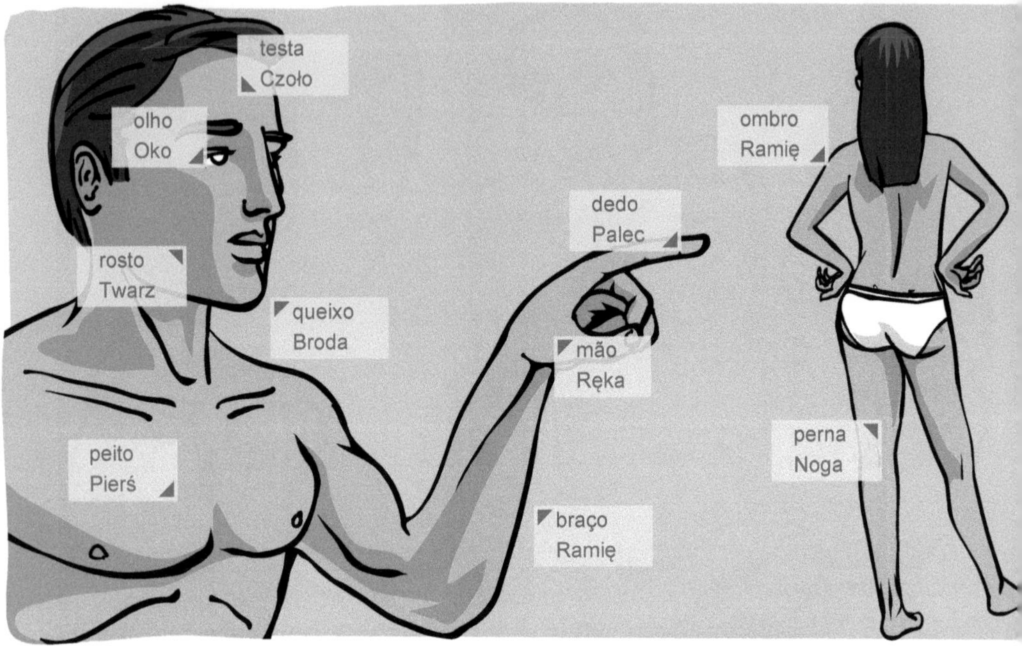

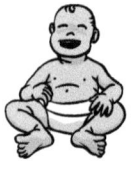

bebê

Niemowlę

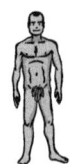

homem

Mężczyzna

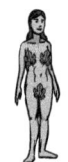

mulher

Kobieta

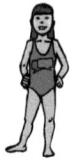

menina

Dziewczyna

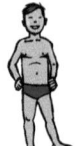

menino

Chłopiec

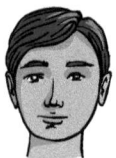

cabeça

Głowa

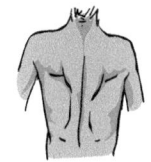

costas
....
Plecy

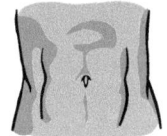

barriga
....
Brzuch

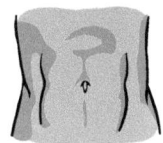

umbigo
....
Pępek

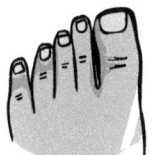

dedo do pé
....
palec nogi

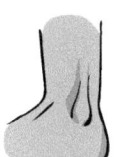

calcanhar
....
Pięta

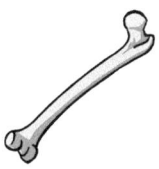

osso
....
Kość

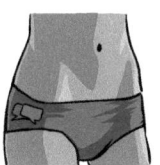

anca
....
Biodro

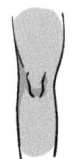

joelho
....
Kolano

cotovelo
....
Łokieć

nariz
....
Nos

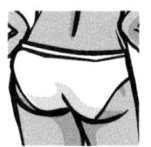

nádegas
....
Pośladki

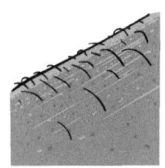

pele
....
Skóra

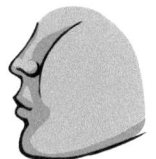

bochecha
....
Policzek

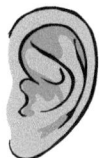

orelha
....
Uszy

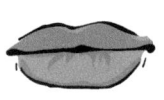

lábio
....
Warga

boca

Usta

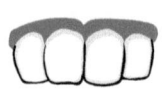

dente

Ząb

língua

Język

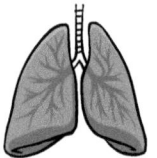

cérebro

Mózg

coração

Serce

músculo

Mięsień

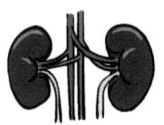

pulmão

Płuca

fígado

Wątroba

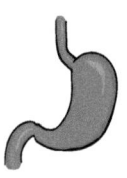

estômago

Żołądek

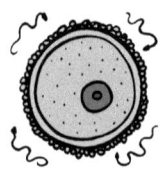

rins

Nerki

relações sexuais

Stosunek płciowy

preservativo

Kondom

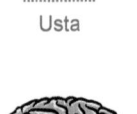

óvulo

Komórka jajowa

esperma

Sperma

gravidez

Ciąża

corpo - Ciało

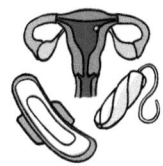

menstruação
Menstruacja

vagina
Wagina

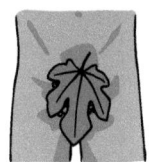

pênis
Penis

sobrancelha
Brew

cabelo
Włosy

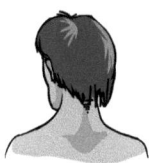

pescoço
Szyja

hospital
Szpital

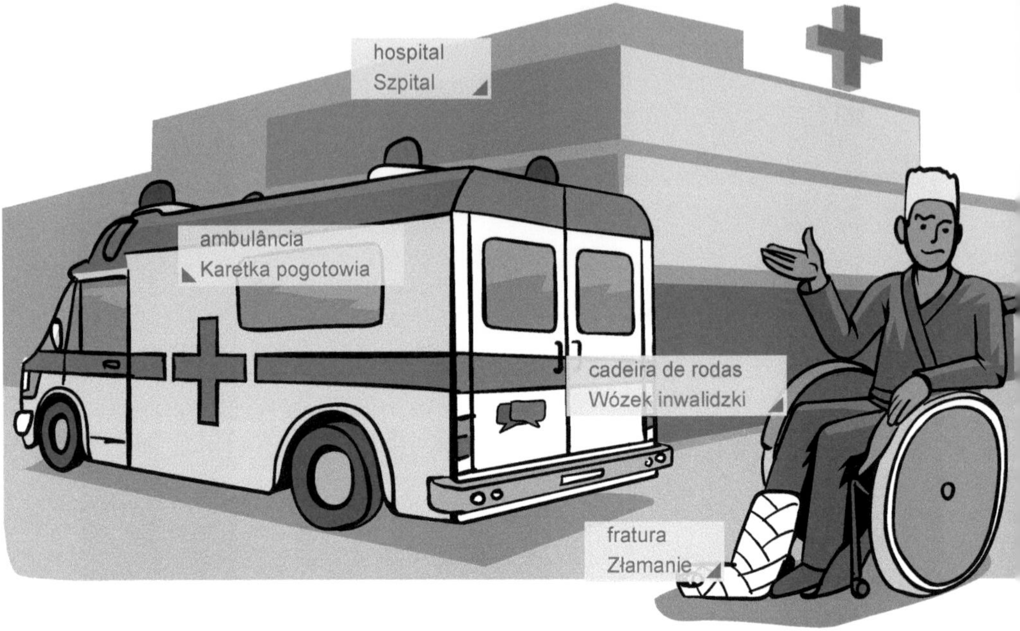

hospital
Szpital
ambulância
Karetka pogotowia
cadeira de rodas
Wózek inwalidzki
fratura
Złamanie

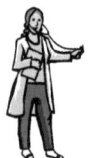

médico

Lekarz

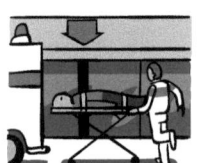

pronto-socorro

Izba przyjęć

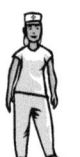

enfermeira

Pielęgniarka

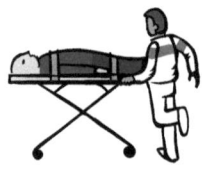

emergência

Nagły przypadek

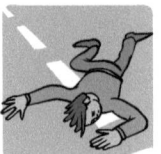

inconsciente

nieprzytomny

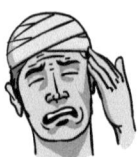

dor

Ból

ferimento

Skaleczenie

hemorragia

Krwawienie

ataque cardíaco

Zawał serca

acidente vacular cerebral

Udar mózgu

alergia

Alergia

tosse

Kaszleć

febre

Gorączka

gripe

Grypa

diarreia

Biegunka

dor de cabeça

Ból głowy

câncer

Rak

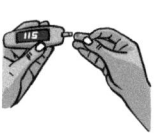

diabetes

Cukrzyca

cirurgião

Chirurg

bisturi

Skalpel

operação

Operacja

CT

CT

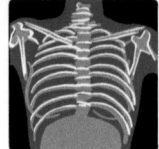

raio x

Rentgen

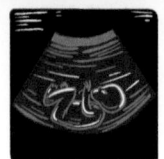

ultrassom

Ultradźwięki

máscara

Maska

doença

Choroba

sala de espera

Poczekalnia

muleta

Kula

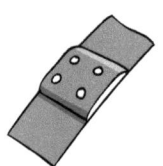

bandeide

Plaster

ligadura

Opatrunek

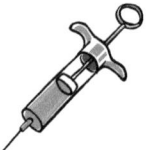

injeção

Iniekcja

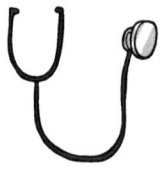

estetoscópio

Stetoskop

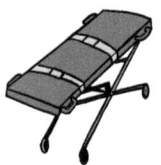

maca

Nosze

termômetro

Termometr

nascimento

Poród

excesso de peso

Nadwaga

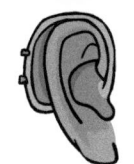

aparelho auditivo

Aparat słuchowy

desinfetante

Środek dezynfekcyjny

infecção

Infekcja

vírus

Wirus

HIV / AIDS

HIV / AIDS

medicamento

Medycyna

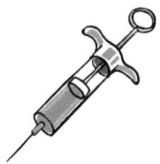

vacinação

Szczepienie

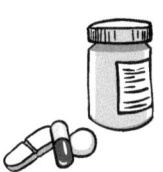

comprimidos

Tabletki

pílula

Pigułka

chamada de emergência

Telefon ratunkowy

dispositivo de medição de
pressão arterial

Ciśnieniomierz krwi

doente / saudável

chory / zdrowy

Socorro!

Pomocy!

alarme

Alarm

assalto

Napad

ataque

Atak

perigo

Niebezpieczeństwo

saída de emergência

Wyjście awaryjne

Fogo!

Pożar!

extintor de incêndios

Gaśnica

acidente

Wypadek

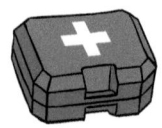

maleta de primeiros socorros

Walizeczka pierwszej pomocy

SOS

SOS

polícia

Policja

Europa
Europa

América do Norte
Ameryka Północna

América do Sul
Ameryka Południowa

África
Afryka

Ásia
Azja

Austrália
Australia

Atlântico
Atlantyk

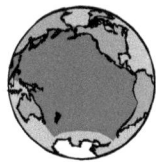

Pacífico
Pacyfik

Oceano Índico
Ocean Indyjski

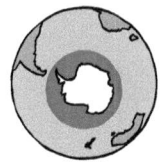

Oceano Antártico
Ocean Antarktyczny

Oceano Ártico
Ocean Arktyczny

Polo Norte
Biegun północny

Polo Sul

Biegun południowy

Antártica

Antarktyda

Terra

Ziemia

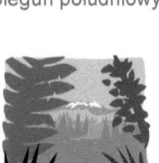

terra

Kraj

mar

Morze

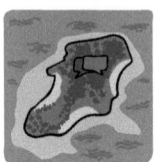

ilha

Wyspa

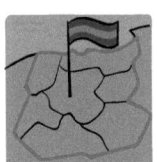

nação

Naród

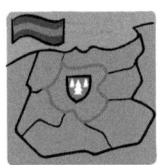

estado

Państwo

mostrador do relógio
Cyferblat

ponteiro das horas
Wskazówka godzinowa

ponteiro dos minutos
Wskazówka minutowa

ponteiro dos segundos
Wskazówka sekundowa

Que horas são?
Która godzina?

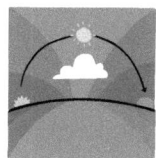

dia
Dzień

tempo
Czas

agora
teraz

relógio digital
Zegarek digitalny

minuto
Minuta

hora
Godzina

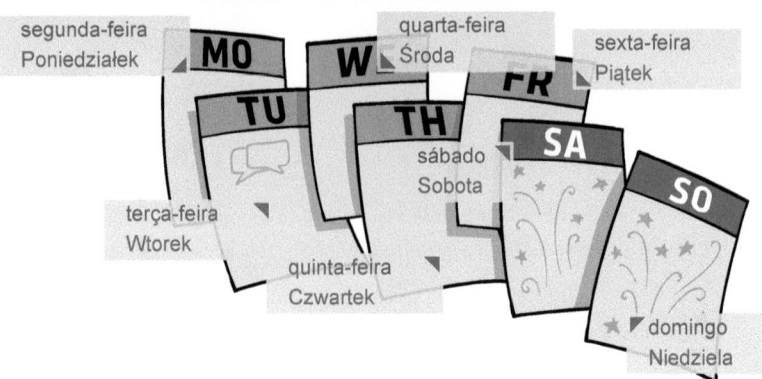

segunda-feira
Poniedziałek

quarta-feira
Środa

sexta-feira
Piątek

sábado
Sobota

terça-feira
Wtorek

quinta-feira
Czwartek

domingo
Niedziela

ontem

wczoraj

hoje

dzisiaj

amanhã

jutro

manhã

Rano

meio-dia

Południe

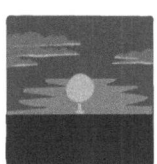

entardecer

Wieczór

MO	TU	WE	TH	FR	SA	SU
1	2	3	4	5	6	7
8	9	10	11	12	13	14
15	16	17	18	19	20	21
22	23	24	25	26	27	28
29	30	31	1	2	3	4

dias úteis

Dni robocze

MO	TU	WE	TH	FR	SA	SU
1	2	3	4	5	6	7
8	9	10	11	12	13	14
15	16	17	18	19	20	21
22	23	24	25	26	27	28
29	30	31	1	2	3	4

fim de semana

Weekend

ano
Rok

chuva
Deszcz
arco-íris
Tęcza
vento
Wiatr
neve
Śnieg
primavera
Wiosna
verão
Lato
outono
Jesień
inverno
Zima

4.APRIL 11°
5.APRIL 4°
6.APRIL 13°
7.APRIL 8°
8.APRIL 10°

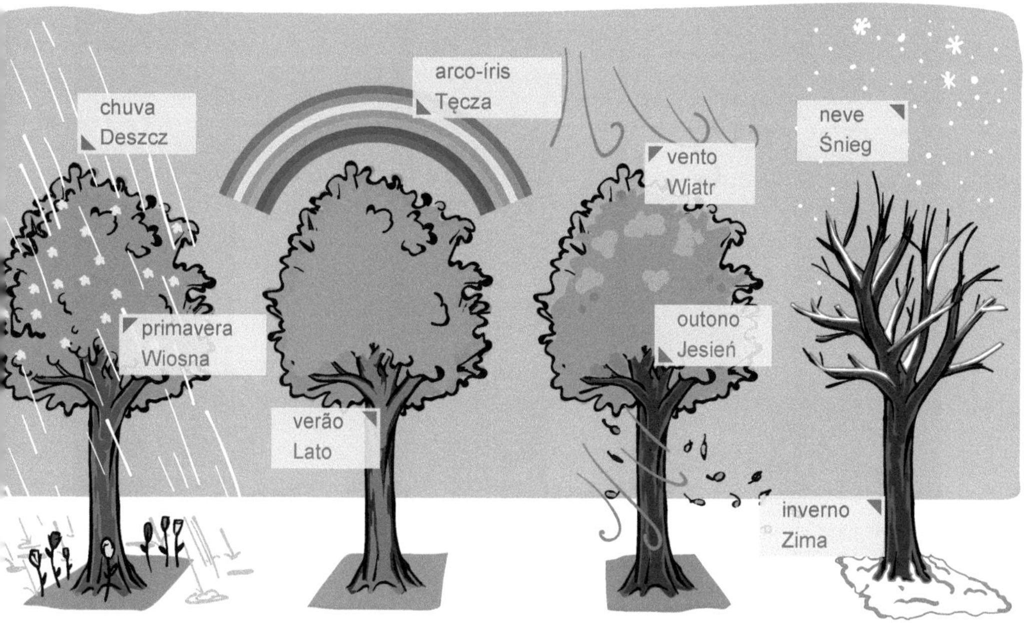

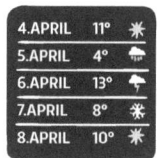

previsão do tempo

Prognoza pogody

F C
120 40
90 30
60 20
30 10
0 0
-30 -10
-20

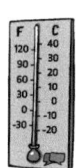

termômetro

Termometr

raio de sol

Światło słoneczne

nuvem

Chmura

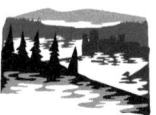

neblina / nevoeiro

Mgła

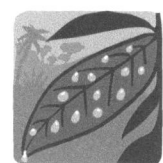

umidade do ar

Wilgotność powietrza

relâmpago

Błyskawica

trovão

Grzmot

tempestade

Sztorm

granizo

Grad

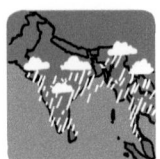

monção

Monsun

inundação

Potop

gelo

Lód

janeiro

Styczeń

fevereiro

Luty

março

Marzec

abril

Kwiecień

maio

Maj

junho

Czerwiec

julho

Lipiec

agosto

Sierpień

ano - Rok

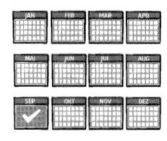

setembro
....
Wrzesień

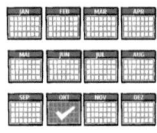

outubro
....
Październik

novembro
....
Listopad

dezembro
....
Grudzień

círculo
....
Koło

quadrado
....
Kwadrat

retângulo
....
Prostokąt

triângulo
....
Trójkąt

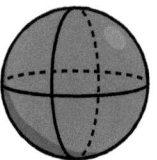

esfera
....
Kula

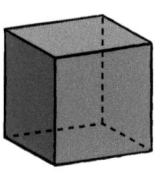

cubo
....
Sześcian

branco

biały

amarelo

żółty

laranja

pomarańczowy

rosa

różowy

vermelho

czerwony

lilás

liliowy

azul

niebieski

verde

zielony

marrom

brązowy

cinza

szary

preto

czarny

muito / pouco
dużo / mało

furioso / tranquilo
wściekły / spokojny

lindo / feio
piękny / brzydki

começo / fim
początek / koniec

grande / pequeno
duży / mały

claro / escuro
jasny / ciemny

irmão / irmã
brat / siostra

limpo / sujo
czysty / brudny

completo / incompleto
kompletny / niekompletny

dia / noite
dzień / noc

morto / vivo
umarły / żywy

largo / estreito
szeroki / wąski

comestível / não comestível

jadalny / niejadalny

mau / gentil

zły / uprzejmy

entusiasmado / entediado

podniecony / znudzony

gordo / magro

gruby / chudy

primeiro / último

najpierw / na końcu

amigo / inimigo

przyjaciel / wróg

cheio / vazio

pełen / pusty

duro / macio

twardy / miękki

pesado / leve

ciężki / lekki

fome / sede

głód / pragnienie

doente / saudável

chory / zdrowy

ilegal / legal

nielegalny / legalny

inteligente / idiota

inteligentny / głupi

esquerda / direita

lewo / prawo

perto / longe

bliski / daleki

novo / usado

nowy / używany

nada / alguma coisa

nic / coś

velho / jovem

stary / młody

ligado / desligado

włącz / wyłącz

aberto / fechado

otwarty / zamknięty

baixo / alto

cichy / głośny

rico / pobre

bogaty / biedny

certo / errado

prawidłowy / błędny

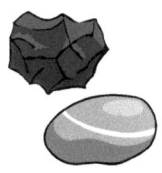

áspero / liso

chropowaty / gładki

triste / feliz

smutny / szczęśliwy

curto / longo

krótki / długi

lento / rápido

powolny / szybki

molhado / seco

mokry/suchy

ameno / fresco

ciepły / chłodny

guerra / paz

wojna / pokój

0

zero
zero

1

um
jeden

2

dois
dwa

3

três
trzy

4

quatro
cztery

5

cinco
pięć

6

seis
sześć

7

sete
siedem

8

oito
osiem

9

nove
dziewięć

10

dez
dziesięć

11

onze
jedenaście

12

doze

dwanaście

13

treze

trzynaście

14

quatorze

czternaście

15

quinze

piętnaście

16

dezesseis

szesnaście

17

dezessete

siedemnaście

18

dezoito

osiemnaście

19

dezenove

dziewiętnaście

20

vinte

dwadzieścia

100

cem

sto

1.000

mil

tysiąc

1.000.000

milhão

milion

inglês

Angielski

inglês americano

Angielski amerykański

chinês mandarim

Chiński mandaryński

hindi

Hindi

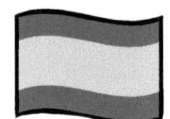

espanhol

Hiszpański

francês

Francuski

árabe

Arabski

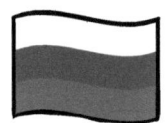

russo

Rosyjski

português

Portugalski

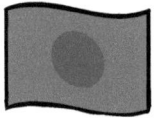

bengalês

Bengalski

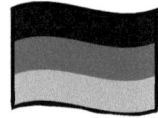

alemão

Niemiecki

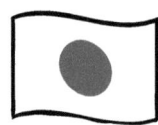

japonês

Japoński

eu

ja

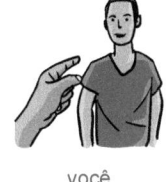

você

ty

ele / ela

on / ona / ono

nós

my

vocês

wy

eles / elas

oni

quem?

kto?

O quê?

co?

como?

jak?

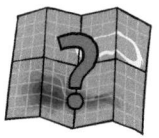

onde?

gdzie?

Quando?

kiedy?

nome

Nazwisko

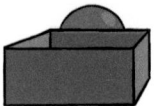

atrás
·················
za

em
·················
w

na frente de
·················
przed

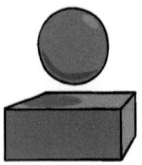

sobre
·················
powyżej

em cima
·················
na

debaixo
·················
pod

do lado
·················
obok

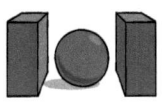

entre
·················
między

lugar
·················
Miejsce